I0069447

8° F Pièce
3497

MANDAT DE DROIT PUBLIC

DÉPÔT LÉGAL
Hte Garonne
No 224
1901

LE

MANDAT DE DROIT PUBLIC

ET LA

THÉORIE JURIDIQUE DE L'ORGANE

BIBLIOTHÈQUE NATIONALE
R F
IMPRIMÉ

Pièce
8°F
3417

Extrait de la *Revue générale du droit.*

TOULOUSE. — IMPRIMERIE A. CHAUVIN ET FILS, RUE DES SALENQUES, 28.

LE

MANDAT DE DROIT PUBLIC

ET LA

THÉORIE JURIDIQUE DE L'ORGANE

PAR

L. DUGUIT

PROFESSEUR A LA FACULTÉ DE DROIT DE L'UNIVERSITÉ
DE BORDEAUX

PARIS

ANCIENNE LIBRAIRIE THORIN ET FILS

ALBERT FONTEMOING, EDITEUR

Libraire des Écoles Françaises d'Athènes et de Rome
du Collège de France et de l'École Normale Supérieure

4, RUE LE GOFF, 4

—

1902

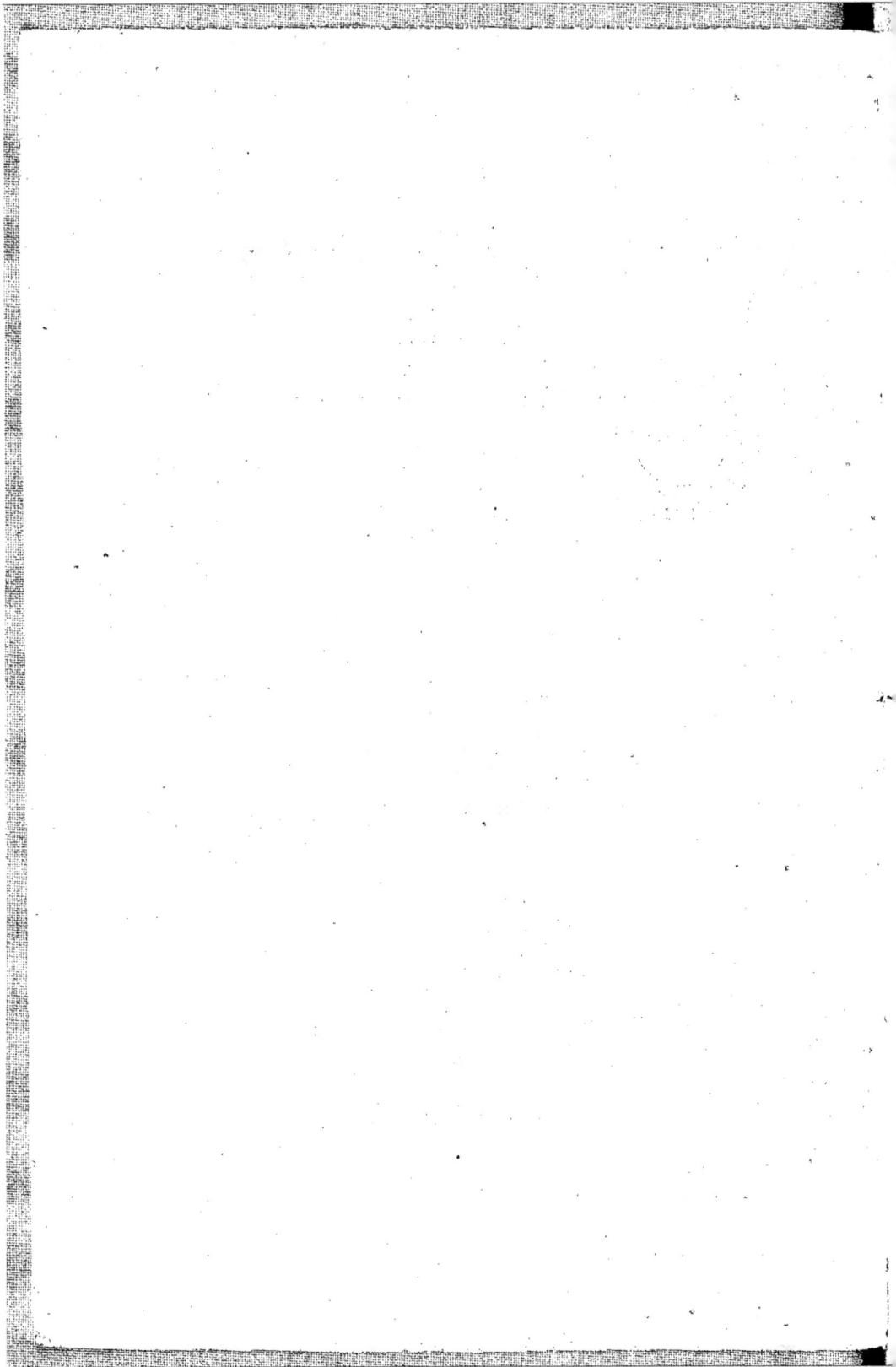

LE

MANDAT DE DROIT PUBLIC

ET LA

THÉORIE JURIDIQUE DE L'ORGANE [1]

L'Etat n'est pas une personne juridique ; l'Etat n'est pas une personne souveraine. L'Etat est le produit historique d'une différentiation sociale entre les forts et les faibles dans une société donnée. Le pouvoir qui appartient aux plus forts, individu, classe, majorité, est un simple pouvoir de fait, qui n'est point légitime par son origine. Les gouvernants, qui détiennent ce pouvoir, sont des individus comme les autres ; ils n'ont jamais, en leur qualité de gouvernants, la puissance légitime de formuler des ordres. Comme tous les individus, ils sont soumis à la règle de droit, qui trouve son fondement dans la solidarité sociale et s'impose à tous, gouvernants et gouvernés. Toute manifestation de la volonté gouvernante est légitime, quand elle est conforme au droit ; et les gouvernants peuvent alors légitimement mettre en jeu la plus grande force dont ils disposent parce qu'elle est alors employée à réaliser le droit. Les gouvernants n'ont point le droit subjectif de commander. Ils ont seulement le pouvoir objectif de vouloir conformément au droit et d'assurer par la contrainte la réali-

(1) Extrait de l'Introduction d'un ouvrage que M. Léon Duguit va publier à la librairie A. Fontemoing, sous ce titre : *L'Etat, les gouvernants et les agents* (Note de la Rédaction).

sation du droit. Telles sont les conclusions d'une précédente
étude (1).

Notre but n'est point ici d'étudier l'évolution générale des
formes politiques, et non plus de rechercher la meilleure
forme de gouvernement. L'histoire des transformations politiques est un trop vaste sujet pour que nous osions l'entre-
prendre. La recherche du meilleur gouvernement est chimé-
rique. C'est l'A, B, C, de la science politique que le meilleur
gouvernement est en fait celui qui est le mieux adapté à la
société qu'il régit pour remplir la mission qui lui incombe.
Mais quelque variées que soient les formes politiques des
Etats modernes, dans tous, cependant, se retrouvent un
certain nombre d'institutions similaires : participation plus ou
moins grande, plus ou moins directe de la nation à l'exercice
de la puissance politique; existence de collèges, élus par un
suffrage plus ou moins étendu, et appelés en général corps
représentatifs ou parlements; présence d'un personnage, appelé
chef de l'Etat, héréditaire ou électif, qui possède un pouvoir
personnel plus ou moins grand ; enfin nombre d'agents et de
préposés, institués de manières diverses, souvent par le parlement ou le chef de l'Etat, souvent élus, qui remplissent les
multiples charges qui incombent à l'Etat moderne. La mission
du juriste est assurément de déterminer la nature juridique
de ces diverses institutions; et les publicistes modernes n'y
ont point manqué. Mais, dominés par les notions étroites et
artificielles de personnalité juridique et de droit subjectif, ils
ont voulu faire rentrer dans ces vieux cadres les institutions
politiques si variées et si complexes de l'Etat moderne. Aussi
bien ils se sont trouvés en présence de difficultés inextricables.
La puissance publique, disent-ils, est un droit, dont l'Etat,
personne juridique, est le titulaire. Mais l'Etat exerce cette
puissance par des agents. Ceux-ci n'ont-ils pas aussi un droit?
Comment ce droit se concilie-t-il avec celui de l'Etat? Quel
rapport de droit naît entre les agents et l'Etat? Questions sur
lesquelles on amoncelle dissertations et discussions, sans
pouvoir arriver à une solution satisfaisante, pour cette raison
que l'Etat n'est pas une personne juridique, que la puissance

_____

(1) *L'Etat, le droit objectif et la loi positive*, Paris, 1900 (Fontemoing, édit.).

publique n'est pas un droit subjectif. En partant d'une hypothèse fausse, on ne peut point arriver au but cherché. Ce n'est pas à dire que les institutions politiques ne puissent être l'objet d'une construction juridique. Mais il ne faut point lui donner le fondement artificiel de la personnalité juridique et du droit subjectif; il faut l'établir sur la base positive et large de la règle objective, du pouvoir objectif et de la volonté individuelle. Nous entreprenons de le démontrer, sans nous dissimuler d'ailleurs les difficultés et les objections, mais encouragé par le bienveillant accueil fait à notre précédente étude.

I

L'Etat étant conçu comme une personne juridique les individus qui exercent la puissance publique, qui commandent ou qui contractent dans l'intérêt public et au nom de l'Etat, étant aussi des sujets de droits, l'idée est venue naturellement à l'esprit de voir entre ces deux personnalités un rapport de droit analogue à celui existant entre deux particuliers. Or, depuis longtemps, les juristes ont tracé des cadres *a priori* dans lesquels ils se sont efforcés de faire rentrer de gré ou de force les relations sociales entre individus. Il leur a semblé que nécessairement la situation des agents politiques devait trouver place dans l'un de ces cadres rigides. Parmi ces formes juridiques, il en est une pour laquelle les juristes de tous les temps ont eu une prédilection marquée; c'est le mandat et la représentation qui en est la suite. Pris en son sens le plus large, le mandat implique l'existence de deux personnes; dont l'une, le mandant, est titulaire d'un droit, mais ne l'exerce pas, dont l'autre, le mandataire, exerce le droit dont le mandant est titulaire : le mandataire agit soit parce qu'il a reçu mission par un acte volontaire du mandant, soit parce que la loi impose ou suppose cette mission. Peu importe; l'acte juridique, fait par le mandataire, est accompli pour le compte du mandant; et le mandataire exerce les droits du mandant. Réduit à ces simples éléments, le mandat s'adaptait aisément à de nombreux besoins pratiques, et avec leur habileté bien connue les juristes romains surent l'appliquer à diverses situations auxquelles ils trouvaient ainsi le

moyen de donner une sanction. La chose était d'autant plus
facile que de bonne heure le mandat avait été classé parmi les
contrats consensuels ; chacun sait qu'il a servi par exemple,
avec la *procuration in rem suam*, à réaliser une cession de
créance, avec le *mandatum pecuniæ credendæ*, à obliger une
caution par un lien de bonne foi. Mais le mandat devait avoir
dans l'histoire du droit une fortune plus heureuse encore. Le
mandataire fait un acte pour le compte du mandant : il est
obligé par la loi ou par le contrat à transmettre au mandant
le bénéfice et les charges qui résultent de cet acte, les tiers ne
connaissent que le mandataire ; aucun rapport de droit ne naît
entre eux et le mandant. Les conceptions juridiques ne de-
vaient pas en rester là. Il fallait aller plus loin et déclarer
que, lorsqu'un acte était fait par un mandataire, les choses se
passeraient exactement de la même manière que si l'acte avait
été fait par le mandant. Ce n'est qu'après de longs efforts
qu'on put arriver à cette notion. Tous les romanistes ont mis
en lumière la lente évolution qu'a suivie le droit romain à cet
égard, les controverses entre les jurisconsultes, la lutte des
idées novatrices et rétrogrades, le triomphe final de l'idée de
représentation. La notion de représentation inventée, toute
une série de conséquences en dérive. Le titulaire du droit mis
en œuvre est le représenté ; mais tout se passera comme si ce
représentant était le sujet de ce droit. Le droit n'est point
transmis ; il reste sur la tête du représenté ; il n'y a point
d'aliénation ; le représentant exerce un droit qui n'est point le
sien ; mais peu importe ; les choses sont comme si le représentant était devenu titulaire de ce droit. L'acte de volonté
émane du représentant ; c'est lui qui veut et non point le
représenté ; il veut à l'insu du représenté et peut-être même
contrairement à ce qu'aurait voulu celui-ci ; peu importe ; la
manifestation volontaire du représentant produit exactement
les mêmes effets que celle du représenté ; les effets de droit
sont identiquement les mêmes que ceux qu'aurait produit la
volonté du représenté. Créée par la technique romaine, cette
idée de représentation est passée dans le droit commun de
l'Europe moderne.

Tout cela n'est assurément que fiction. Mais fiction féconde,
qui a permis de donner la forme juridique à maintes relations

sociales. Nous sommes loin de méconnaître le rôle considérable, et, à tout prendre, heureux de la fiction dans l'élaboration des idées juridiques. Mais le tort des juristes modernes est de s'attarder dans ces voies anciennes. On a essayé de montrer ailleurs que lorsque l'acte volontaire d'un individu produisait des effets au profit ou au détriment d'un autre individu, il n'était point nécessaire, pour l'expliquer, de recourir à la fiction de la représentation, qu'il n'y avait là que la conséquence normale de la solidarité sociale, fondement de tous rapports sociaux et de toutes règles de droit ; toute volonté, déterminée par un but conforme au droit objectif, produit un effet de droit, dont profite ou l'individu qui l'exprime, ou tout autre élément qu'a en vue celui qui veut, pourvu toutefois que le profit assuré à cet élément, soit conforme à la règle de droit. Celui qu'on dit agir pour un autre ou représenter un autre, n'exerce point le droit d'un autre ; car ce qu'on appelle un droit ne peut être qu'un pouvoir de vouloir, pouvoir objectif ou pouvoir déterminé par une situation juridique subjective. On peut vouloir telle chose, soit au profit de soi-même, soit au profit d'un autre. On veut ou on ne veut pas ; mais on ne peut vouloir comme si un autre voulait. On ne peut exercer le droit d'un autre, puisque ce serait exercer le pouvoir de vouloir de cet autre. Quand on veut légitimement, on exerce toujours son droit propre ; car on manifeste sa volonté et non la volonté d'un autre, et l'exercice d'un droit est toujours une manifestation de volonté. L'idée de représentation est donc fausse en soi, puisqu'elle a pour point de départ une chose fausse.

Néanmoins cette notion devait séduire les esprits modernes. Il semble qu'heureux et fiers du long effort qui avait enfanté cette idée, les hommes du dix-neuvième siècle se soient complus à voir en elle la solution de tous les problèmes juridiques et politiques. Inventée pour expliquer et sanctionner certains rapports de droit privé, la notion de représentation reçoit une prodigieuse extension, dès qu'apparaît la nécessité de formuler une théorie juridique des relations politiques. Nulle part plus qu'en France cette idée de la représentation n'occupe une large place dans la théorie juridique de l'Etat, bien que le vrai fondateur de la doctrine française moderne l'ait répudiée (1). Mais le prestige de la représentation était tel ; l'idée en avait pénétré si profondément tous les esprits, qu'on renia sur ce point le *credo* du *Contrat social*.

Au moment où s'ouvre la Révolution de 1789, les notions de mandat et de représentation étaient dans tous les esprits. Fortes d'un long passé historique, elles n'avaient contre elles que les doctrines du *Contrat social*. La critique pénétrante de Rousseau avait montré tout ce qu'il y avait de fictif dans la représentation : la volonté est la personne elle-même ; elle ne peut pas s'aliéner ; elle ne peut être représentée pas plus qu'elle ne peut être aliénée. Toute volonté, qui veut être représentée, s'aliène et, par conséquent, se détruit elle-même. « La souveraineté ne peut être représentée, par la même raison qu'elle ne peut être aliénée ; elle consiste essentiellement dans la volonté générale, et la volonté ne se représente point : elle est la même ou elle est autre ; il n'y a point de milieu. Les députés du peuple ne sont donc ni ne peuvent être des représentants ; ils ne sont que ses commissaires ; ils ne peuvent rien conclure définitivement. Toute loi que le peuple en personne n'a pas ratifiée est nulle ; ce n'est point une loi. Le peuple anglais pense être libre ; il se trompe fort ; il ne l'est que pendant l'élection des membres du parlement : sitôt qu'ils sont élus, il est esclave, il n'est rien. Dans les courts moments de sa liberté, l'usage qu'il en fait mérite qu'il la perde... A l'instant qu'un peuple se donne des représentants, il n'est plus libre, il n'est plus (2). »

Malgré le prestige de son auteur, malgré sa rigueur logique, cette théorie ne devait point triompher devant l'Assemblée constituante de 1789. A la fois conservatrice et révolutionnaire, la grande assemblée empruntait à Rousseau le dogme de la volonté nationale souveraine, à la tradition, à la constitution anglaise dont Montesquieu avait vanté la perfection, le principe de la représentation. L'application s'en fit sans difficulté au corps législatif élu par les citoyens actifs. La théorie de Sieyès sur ce point, après avoir rencontré quelques objections,

---

(1) J.-J. Rousseau, *Contrat social*, livre III, chap. xv.

(2) *Contrat social*, liv. III, chap. xv (Œuvres complètes, Paris, 1895, t. II, p. 235).

réunit bientôt tous les suffrages. Dans le mois d'août 1789 l'Assemblée nationale votait la Déclaration des droits dont l'article 3 était ainsi conçu : « Le principe de toute souveraineté réside essentiellement dans la nation ; nul corps, nul individu ne peut exercer d'autorité qui n'en émane expressément. » Ainsi tous les mandats spéciaux et individuels donnés par les différents baillages, aux députés des trois ordres, disparaissent. Les ordres ne sont rien ; les circonscriptions électorales ne sont rien ; la nation est une, indivisible et souveraine. S'il y a un mandat donné, ce ne peut être que par la nation tout entière à l'Assemblée législative prise en corps et conçue, elle aussi, comme une personne. Sans doute on ne peut faire abstraction des députés pris individuellement. En fait, ils sont nommés par telle ou telle circonscription ; mais ces circonscriptions ne sont établies que pour procéder à l'élection. Les députés sont les fondés de pouvoir de la nation tout entière. Un mandat est donné par la nation, personne souveraine, à l'Assemblée, elle aussi personne qui représente la nation (1).

Ainsi le vieux principe du mandat et de la représentation apparaissait avec une forme nouvelle ; mais c'était toujours le même principe. On ne s'apercevait pas d'ailleurs qu'en lui donnant cette forme et cette portée, on créait un dualisme dans l'Etat, que l'on déclarait un et indivisible. Rousseau l'avait bien compris. En écartant toute représentation, il maintenait énergiquement et logiquement l'unité de la personne Etat. Les constituants de 1791 ou bien aboutissaient à l'aliénation de la souveraineté, ou bien violaient le principe de son unité, puisqu'ils créaient deux personnes souveraines, l'une la nation titulaire de la souveraineté, en quelque sorte par droit de naissance, l'autre le corps législatif par droit de représentation. Si cette théorie n'avait eu pour fondement que les déductions métaphysiques de Sieyès (2), elle n'aurait peut-être pas triomphé, ou n'aurait eu qu'un triomphe éphémère. Mais elle

(1) Constitution de 1791, tit. III, chap. I, section III, art 7.
(2) Voir Sieyès, *Qu'est-ce que le Tiers ?* p. 72 et suiv., Paris, 1789 ; — divers discours de Sieyès, *Archives parlementaires*, 1re série, t. VIII, p. 463, 466, 593-595. — Cf., sur tous ces points, l'excellent livre de M. Dauduraud, *Le mandat impératif*, 1896, p. 6 et suiv.

était le produit d'un long passé historique ; elle était une
adroite conciliation des théories de Rousseau et des nécessités
pratiques ; elle respectait le dogme de la souveraineté nationale une et indivisible, et elle évitait les aventures d'une con-
sultation directe du peuple ; elle donnait satisfaction aux
tendances à la fois conservatrices et révolutionnaires de la
Constituante et des assemblées qui allaient lui succéder ; elle
répondait, à tout prendre, aux aspirations politiques de la France.
Aussi cette théorie, appelée souvent théorie du mandat représentatif (expression que nous acceptons quoique obscure et inexacte),
est-elle restée, au milieu de toutes nos révolutions, comme un
dogme intangible de notre droit positif, consacré dans l'article 13 de notre dernière loi électorale.

Depuis 1791 la notion de représentation par mandat est de-
venue l'idée maîtresse de notre droit public positif. Elle n'a
eu que de rares et courtes éclipses, pour reparaître bientôt
plus vivante. Aujourd'hui encore, le droit politique de la
France repose tout entier sur cette formule : le peuple en son
entier, réalité personnelle, distincte des individus qui le com-
posent, la nation personne est titulaire de la souveraineté ;
elle l'exerce par des mandataires, qui la représentent au sens
juridique du mot. Ces mandataires sont : le parlement auquel
la nation délègue le pouvoir législatif; le président de la Ré-
publique auquel la nation délègue le pouvoir exécutif; lui
aussi est un mandataire, revêtu du caractère représentatif ; depuis 1789 le chef du pouvoir exécutif a ce caractère en France ;
aucun texte de nos lois actuelles n'autorise à dire qu'il lui a
été retiré. En un seul point, peut-être, la conception tradi-
tionnelle de la représentation a été abandonnée; il n'est pas
bien sûr que l'ordre judiciaire ait encore le caractère représentatif; peut-être n'est-il qu'une autorité, subordonnée, comme
l'autorité administrative, au pouvoir exécutif, avec certaines
garanties d'indépendance, établies dans l'intérêt des justicia-
bles. Sous cette réserve, dans le droit positif de la France, au
commencement du vingtième siècle, le mandat et la représentation sont les formes juridiques dans lesquelles sont encore
cristallisées les forces politiques.

II

Ce n'est pas d'aujourd'hui que de bons esprits ont compris tout ce que ces formes rigides et vieillies avaient d'incompatible avec les besoins modernes, avec les phénomènes politiques et sociaux de notre temps. Le réalisme anglais est arrivé à créer une organisation politique entièrement dégagée de théories juridiques sur la nature de l'Etat, du parlement, du ministère. Il n'a d'autre but que d'organiser un système pratique devant assurer le plus complètement possible la grandeur de l'empire britannique. En France aussi, depuis 1870, on a facilement oublié les tendances théoriques et spéculatives de la Révolution. On les qualifie souvent, même au parlement, du terme dédaigneux de métaphysique politique. Elles paraissent bonnes tout au plus à occuper les loisirs des idéologues. Mais l'homme politique doit les ignorer, car, dit-on, les faits politiques et sociaux ne sont autre chose que les manifestations de forces aveugles, et l'art politique consiste seulement à les agencer le plus habilement possible, tout au plus à les coordonner, pour que, au lieu de s'annihiler, elles s'ajoutent les unes aux autres et se complètent. La vieille conception du mandat de droit public doit donc être écartée; aucune théorie nouvelle ne doit la remplacer; elle serait, elle aussi, artificielle et caduque.

Mais l'esprit humain, parvenu à un certain degré de culture, ne peut se contenter d'une solution aussi négative. Il a le besoin impérieux de créer une synthèse dogmatique des manifestations phénoménales, et de faire rentrer dans les formes de la pensée logique les faits politiques des sociétés contemporaines. De ce besoin propre à toute civilisation raffinée, est née une théorie curieuse, merveilleusement construite, et paraissant s'adapter aux faits politiques bien mieux que la conception du mandat représentatif : c'est la théorie juridique de l'organe. On ne la confondra point avec les doctrines organiques, qui, à un moment donné, ont eu tant de crédit dans le monde des sociologues. Peut-être la conception organique des sociétés a-t-elle suggéré la théorie juridique de l'organe. Cependant les deux théories n'ont de commun que le nom : l'une avait la prétention de déterminer en fait et par l'observation la nature interne des sociétés ; l'autre est une construction de logique juridique. Sans doute, elle prétend s'appuyer sur les faits ; mais elle en donne la traduction dans une formule exclusivement juridique. Gierke en est le créateur (1), et Jellinek (2) l'a précisée et développée dans son application spéciale à l'Etat. En France, elle a toutes les sympathies des jeunes publicistes (3).

Les collectivités sont des personnes juridiques, susceptibles comme les personnes individuelles d'être sujettes de droits et grevées d'obligations. Voilà le postulat. Or, ou bien le droit n'est qu'une volonté protégée, ou bien le droit naît en dehors de la volonté, mais ne peut s'exercer et se traduire à l'extérieur que par un acte de volonté. Dans tous les cas, une personne juridique, soit pour la création de ses droits, soit pour leur exercice, doit avoir une volonté. Là où il n'y a pas de volonté, il n'y a pas de droit effectif. Or, de volonté, il n'y en a que chez l'individu humain. Ce seront donc des individus humains qui exprimeront la volonté des personnes collectives. Cela posé, l'organe n'est autre chose que l'individu humain, qui traduit à l'extérieur la volonté de la personne collective. Telle est, réduite à ses éléments simples, toute la conception juridique de l'organe. L'organe, si l'on veut, est un représentant de la personne collective, mais il n'est point un mandataire. Le mandat implique l'existence de deux personnes, la personne du mandant et la personne du mandataire. La notion d'organe implique, au contraire, l'existence d'une seule personne, la personne collective agissant par ses organes. De même que ne peuvent point être détachés de la personne humaine son cerveau, ses yeux, sa langue, et que ce tout ne fait qu'une personne ; de même les organes des personnes collectives ne peuvent point être détachés d'elles-mêmes, et le tout ne fait qu'une seule et unique personne juridique. La collectivité, personne juridique, n'agit point par un mandataire autre

(1) Gierke, *Genossenschafts theorie*, 1887.
(2) Jellinek, *Allgemeine Staatslehre*, 1900.
(3) Saripolos, *La démocratie et l'élection proportionnelle*, 1899 ; — Mestre, *Les personnes morales et le problème de leur responsabilité pénale*, 1899.

personne juridique; elle agit et veut par ses organes; c'est une seule et même personne qui veut et agit. Entre le mandant et le mandataire, il y a un rapport de droit; entre la collectivité et l'organe, il n'y en a point; un rapport suppose deux termes; un rapport de droit implique deux personnes; ici, il n'y en a qu'une. Il n'y a qu'une seule entité juridique, la collectivité organisée, la collectivité pensant et voulant par ses organes.

Mais, peut-on dire, les organes des personnes individuelles ne peuvent point servir de support à une construction juridique. Comment et pourquoi en est-il autrement des organes des personnes collectives? Gierke a prévu l'objection. « La personnalité humaine, » dit-il, « qui, en son unité psychique, indivisible et indissoluble, échappe à toute perception de sens, intervient toujours dans le monde sensible par le moyen d'organes corporels, et n'est saisie que par l'abstraction comme le vrai sujet du vouloir et de l'agir, et cela dans la vie juridique comme dans tous les rapports de vie. » Mais l'organe de l'être individuel humain ne peut évidemment servir de support à une notion de droit. L'organe de l'être individuel ne peut se détacher, même par la pensée de l'individu lui-même. « Les organes des personnes individuelles, même dans la vie juridique, agissent simplement d'après l'ordonnancement naturel de l'organisme individuel humain, comme instrument de l'unité psychique qui l'anime. Les personnes collectives ont aussi des organes par lesquels seulement elles peuvent vouloir et agir, par lesquels elles acquièrent des droits et sont grevées d'obligations, par lesquels elles exercent leurs droits et accomplissent leurs obligations. Mais ces organes des personnes collectives sont des individus ou des groupes d'individus, c'est-à-dire sont eux-mêmes des personnes juridiques. Les instruments du *vouloir* et de l'*agir* des personnes collectives sont eux-mêmes des personnes juridiques, soit des personnes individuelles, soit des personnes collectives; et dans ce dernier cas ces personnes collectives organes ont elles-mêmes des organes, personnes individuelles ou personnes collectives. » Par suite, la notion d'organe d'une personne collective devient une notion de droit, puisque ces organes sont des personnes juridiques. Ainsi la notion d'organe est une notion propre au droit corporatif et étrangère au droit objectif individuel. La règle de droit, applicable aux personnes individuelles, ne pénètre pas dans l'essence interne de la personne individuelle ; elle ne peut pas séparer l'individu de ses organes par lesquels elle veut et agit ; la règle de droit se borne à limiter les manifestations externes de la volonté individuelle. Au contraire, la règle de droit pénètre dans l'essence interne des personnes collectives ; les organes par lesquels elles manifestent leur volonté sont ou un des membres ou un groupe des membres qui les constituent ; ces membres ou ces groupes de membres sont eux-mêmes des personnes juridiques. Ainsi la notion d'organe des personnes collectives tombe bien sous la prise du droit (1). Les règles qui déterminent la structure et la limite d'action de ces organes formant ce qu'on peut appeler, au sens tout à fait général du mot, le droit *constitutionnel*, ou plus exactement le droit *organique* (2).

Telle est la notion juridique de l'organe au point de vue de la règle objective. Mais l'organe apparaît aussi comme notion de droit au point de vue subjectif. Cela demande une précision. Dans l'individu ou le groupe d'individus existant comme organe, il faut distinguer très nettement deux qualités. D'abord, cet individu ou ce groupe d'individus forment un organe de la collectivité ; comme tel, l'organe n'est titulaire d'aucun droit subjectif ; il a seulement un pouvoir objectif, la compétence déterminée par le droit *organique*, pour exercer dans une certaine sphère les droits subjectifs de la corporation ou acquérir à celle-ci des droits et des obligations. « La personne-membre représente comme organe, dans les limites de sa fonction, déterminées par le droit constitutionnel, la personne collective, *juridiquement*, comme les yeux pour la vue, les mains pour le toucher, représentent l'homme. Par l'organe agissant et voulant, c'est l'être collectif qui veut cet objet, si bien que, dans les circonstances déterminées par le droit constitutionnel, le *vouloir* et l'*agir* du membre organe de la corporation, lequel est visible, coïncide juridiquement, absolument avec le vouloir et l'agir de la personnalité corporative, laquelle est invisi-

(1) Voir Gierke, *Genossenschafts theorie*, 1887, p. 608 et suiv.
(2) Gierke, *Jahrbücher* de Schmoller, t. VII, 1883, p. 1139.

ble (1). » Mais, d'autre part, dès que la qualité de support d'organe a été établie, conformément au droit objectif, relativement à un individu ou relativement à un groupe d'individus, un droit subjectif naît au profit de cet individu ou de ce groupe. Ce droit n'est point le droit subjectif de manifester la volonté et de réaliser l'action de la corporation, lequel droit a pour sujet non pas l'organe, mais la corporation. C'est la compétence, pouvoir objectif de l'organe. L'individu ou le groupe d'individus, établi comme organe, conformément au droit objectif organique, à un droit *subjectif* à la reconnaissance de la qualité d'organe. Donc, l'individu ou le groupe d'individus constitué organe d'une corporation, soit directement par la loi, soit par une nomination faite conformément à la loi, présente un double aspect. Il est un organe, et possède comme tel une certaine compétence ; cela n'est point un droit subjectif de la personne organe, mais seulement le pouvoir d'exercer les droits dont la corporation est titulaire. En second lieu, la personne constituée organe a un droit subjectif à être reconnu comme organe, et ce droit elle l'a contre tout le monde, contre la corporation personne juridique, contre tous les individus, pris séparément et dont l'ensemble forme la personne corporative (2).

Cette théorie juridique de l'organe sera complète quand on aura marqué les différences qui séparent l'organe et le mandataire Le mandat implique, on l'a déjà dit, l'existence de deux personnalités juridiques, celle du mandant et celle du mandataire. Dans le mandat, il y a deux volontés distinctes, et lorsque le mandataire fait un acte pour le mandant, c'est bien réellement la volonté du mandataire qui est exprimée. Directement ou indirectement, les effets juridiques produits par cette volonté du mandataire peuvent se réaliser sur la tête du mandant. Peu importe ; c'est bien réellement une manifestation de la volonté du mandataire qui a eu lieu. Au contraire, la notion d'organe implique l'existence d'une seule volonté, celle de la corporation organisée. Lorsque l'organe fait un acte

---

(1) Gierke, *ibid.*, p. 1139.

(2) Jellinek, *System der subjektiven öffentlichen Rechte*, 1892, p. 134. — Cf. le passage très important de son ouvrage intitulé : *Allgemeine Staatslehre*, 1900, p. 512.

juridique, ce n'est pas la volonté de l'organe qui se manifeste
à l'extérieur, c'est la volonté de la corporation organisée, à la
condition, bien entendu, que l'organe agisse dans les limites
de sa compétence. Aucun rapport de droit ne naît entre la
corporation comme telle et l'organe comme tel. La corporation
sans organe est le néant, et l'organe sans une corporation,
dont il exprime la volonté, cesse d'exister en tant qu'organe.
Or, il ne peut y avoir de rapport de droit entre deux néants.
Sans doute, on l'a vu, l'individu ou le groupe d'individus,
support de l'organe, est une personne juridique susceptible
d'être sujet des droits et des obligations qui naissent pour et
contre elle à l'occasion de sa qualité de support d'organe ;
mais ce n'est pas l'organe qui est sujet de ces droits et de ces
obligations, c'est l'individu support de l'organe.

III

Mandat représentatif ou situation d'organe, telles sont les
formes juridiques dans lesquelles on a essayé de faire rentrer
toutes les relations naissant des institutions politiques, admi-
nistratives et judiciaires des peuples modernes. Forte d'un
long passé, merveilleusement adaptée à l'esprit latin, amou-
reux d'unité et de simplicité, la notion du mandat est toujours
dominante dans la doctrine française et les législations positi-
ves issues de la Révolution. Plus subtile et plus abstraite,
parfaitement adaptée à la notion toute germanique de corporation, la théorie de l'organe juridique est un produit en quelque sorte spontané de la pensée allemande, et elle a trouvé
au delà du Rhin un sol particulièrement propice à son plein
développement.

A en croire de bons esprits, on détruirait le droit public
jusque dans ses premiers fondements, si l'on ne faisait rentrer toutes les solutions dans le cadre étroit du mandat ou de
l'organe, si l'on ne voyait dans un gouvernant, dans un fonc-
tionnaire, un mandataire de la nation, de l'Etat, ou bien un
organe de la collectivité corporative qu'est l'Etat. S'il en était
ainsi, et s'il nous fallait forcément opter entre l'une ou l'autre
de ces conceptions, nous n'hésiterions pas et nous accepterions
assurément la théorie juridique de l'organe. Mais l'une et l'au-

question de l'origine de la souveraineté, et on apporte la seule solution possible : l'affirmation d'un élément antérieur et supérieur à l'État lui-même, titulaire de la souveraineté primaire, constituant l'État, et donnant par délégation des droits de puissance aux gouvernants qu'il institue ; alors, tout le droit public se résume dans une théorie du mandat et de la représentation, ce qui est inadmissible. Ou bien on accepte la doctrine juridico-organique ; alors on s'enferme dans un cercle vicieux infranchissable.

La conclusion de tout cela s'impose : les postulats dont on part sont faux ; faux le postulat de l'État-personne ; faux celui de la puissance droit subjectif ; fausses aussi, par conséquent, les déductions qu'on y rattache. Loin de nous cependant la pensée de méconnaître la nécessité d'établir une construction juridique des relations qui naissent dans les pays modernes entre les gouvernants et les agents. Gouvernants et particuliers sont soumis à la règle de droit ; cette règle de droit ne devient vraiment efficace que par une construction, qui doit être d'autant plus souple et résistante que les faits qu'elle embrasse sont plus divers et plus nombreux, que les hommes qu'elle lie sont plus puissants. La construction juridique est la caution du droit, et à tout prendre le degré de civilisation d'un peuple se mesure à son respect pour le droit. Nous essayons dans ce livre de construire juridiquement les principaux rapports politiques, en écartant résolument toute idée de mandat et d'organe. Puisse-t-il sortir de notre effort quelque parcelle de vérité !

TOULOUSE. — IMP. A. CHAUVIN ET FILS, RUE DES SALENQUES, 28.

BIBLIOTHÈQUE NATIONALE DE FRANCE

3 7502 04171345 6

www.ingramcontent.com/pod-product-compliance
Lightning Source LLC
Chambersburg PA
CBHW050434210326
41520CB00019B/5920